EXCESO DE EQUIPAJE

EXCESO DE EQUIPAJE

CUANDO LA VIDA SE VUELVE UNA CARGA PESADA

HIRAM DORADO

Para realizar pedidos de este libro, contacte con:
Palibrio
1663 Liberty Drive, Suite 200
Bloomington, IN 47403
Gratis desde EE. UU. al 877.407.5847
Gratis desde México al 01.800.288.2243
Gratis desde España al 900.866.949
Desde otro país al +1.812.671.9757
Fax: 01.812.355.1576
ventas@palibrio.com
817253

ÍNDICE

Nota del autor

Las experiencias de la vida pueden tomarnos por sorpresa, en cualquier momento, en cualquier lugar. Y puede parecer que las motivaciones o los amores han dejado de existir, que el dinero o los logros alcanzados se llegan a perder. La percepción puede distorsionarse a tal grado que las condiciones de la vida llegan a cambiar y no a nuestro favor. Es como si todas las puertas se cerraran y no encontráramos otra opción más que retirarnos de ese lugar al que pensamos que ya no pertenecemos y que ahora solo nos agobia. ¿Retirarnos? ¡Así es!

Inmediatamente deseamos desaparecer de ese mapa, hacer un viaje que nos ayude a ver las cosas desde una perspectiva diferente, encontrar una última opción que nos permita valorar si en verdad podemos cambiar esas mismas circunstancias que nos han hundido en una profunda depresión o si existe algún otro escape para hallar ese descanso que tanto necesitamos.

Pero para hacer un viaje, cualquiera que este sea, se requiere estar preparados: contar con el equipaje y perder el miedo a lo que vamos a encontrar en el camino.

Mi última opción

Ya no aguantaba más, sentía que me encontraba en un callejón sin salida; tenía que tomar una decisión y no sabía cuál era la mejor. Todos mis problemas habían caído sobre mí, como en esas tormentas con truenos, relámpagos y fuertes huracanes de las cuales pensamos que no saldremos vivos. Pero esta no era una tormenta como las demás: yo ya llevaba varias semanas sin ver un cambio en el horizonte.

Esta situación no solo estaba acabando con mis ánimos, sino con todo. Únicamente me quedaba una pequeña gota de esperanza que había derramado el vaso de agua y que representaba mi última ilusión, suficiente para llenarme de la energía necesaria y buscar mi última alternativa.

Pensé en tomar un viaje y comenzar de nuevo en un lugar distinto, pero no tenía el dinero suficiente ni un trabajo seguro en otro sitio. También me imaginé en una nueva relación que pudiera motivarme, pero esa idea me recordaba las palabras de mi padre cuando me aconsejaba: "Nicolás, nunca empieces otra relación cuando no has aprendido de la previa, de lo contrario volverás a cometer los mismos errores".

Entonces, decidí buscar a ese doctor que se había vuelto famoso y era el tema en las conversaciones más polémicas con mis amigos. Habíamos conocido a Arnoldo Contreras, apodado el Doctor Muerte, a través de los periódicos que se referían a su despiadada forma de provocar la muerte en sus pacientes. Mi última opción era el suicidio, pero no me atrevía a hacerlo yo mismo porque siempre que consideraba esa idea, temía fallar en el intento.

Por eso decidí ir en busca de ese doctor y dejar que él me ayudara a cruzar al otro lado. "¡Cruzar al otro lado!", pensé, como si se tratara de entrar a un país donde aún no se pertenece.

Pero por muy loca que fuera mi idea, el cruzar al otro lado era mi mejor imagen para poder descansar y ya no estar batallando en esa vida tan miserable, la cual solo me había llenado de problemas y nunca había sido justa conmigo.

Aunque ignoraba cómo contactarme con ese doctor, conocía la ciudad donde él había ya cometido todas sus hazañas; sabía también que encontrarlo sería una tarea complicada que implicaría más tiempo y dinero. Sin embargo, armé mi maleta y consideré todo lo que debía de guardar dentro de ella para permanecer allí dos semanas, a los sumo tres. Cuando terminé, estaba algo pesada y me había costado un poco de trabajo ponerle el candado.

Pasaban sobre mí miles de preguntas: ¿qué pasaría si este viaje fuera en vano y no encontraba a ese doctor? ¿Qué sucedería si el doctor no quisiera verme por no haber acordado una cita previa? Aun con estas dudas, seguía pensando que era mi mejor opción.

Mi deseo de terminar con esta situación era aún más grande que todas mis preguntas, porque ya llevaba semanas o quizás meses sin poder encontrar salida a todos mis problemas. No era una simple justificación, era una necesidad. Al recordar todas las experiencias, que solo me traían recuerdos amargos y muy tristes, lo único que deseaba era encontrar mi propia morada para descansar.

Aunque también evocaba las veces en que yo mismo me había buscado los resultados que no deseaba, creía que ya era demasiado tarde para remendar tantos errores y fracasos.

En ese momento, lo único que mi mente contemplaba era cómo lograr mi muerte de la forma más corta y eficaz. ¿Me daría el doctor una inyección para quedarme completamente dormido o sería más lento para que yo pudiera apreciar mis últimos días y escribir las cartas de amor, de resentimiento, de dolor y de despedida para todas aquellas personas que no esperaban esta decisión?

El viaje en avión sería de ocho horas, tal vez las últimas en que disfrutaría salir de mis circunstancias temporalmente. También antes, para poder desprenderme de mis problemas, organizaba vacaciones cortas en avión. Y mientras comparaba el avión con el carro para decidir cuál sería el mejor medio, volvieron esos recuerdos de cuando solía tomar vacaciones y buscar amistades en lugares lejanos, o cuando llegaba a un lugar nuevo, desconocido, y aprendía cosas nuevas. El modo de transporte para este último viaje sería significativo, por eso lo que más deseaba era disfrutarlo por última vez. Era como si me hubiera vuelto un preso condenado a muerte por culpa de mi propia depresión y, antes de que llegara esa última cena, la noche antes de morir, mi último viaje tendría que ser el más espléndido. Así que, definitivamente, decidí que el carro no sería lo más adecuado. Aparte quedaría en el lugar de destino cuando yo ya no estuviera presente.

Así que hice mis reservas para viajar en tren y disfrutar por última vez de los paisajes más hermosos y callados que pudiera ofrecerme la naturaleza. También aprovecharía el silencio de esas noches oscuras y el esplendor del cielo desde mi ventana del tren.

El día tan esperado para abordarlo llegó. Fue durante el mes de octubre, pasadas las seis de la mañana, y la llegada a mi destino sería cuarenta y ocho horas después. Aunque no eran muchos los pasajeros, ya que era la temporada en que la mayoría de ellos viajaba por asuntos de trabajo y no por vacaciones, yo sabía que mi viaje iba sería magnífico.

EL VIAJE EN TREN

Era mi primer viaje en tren. A mi izquierda viajaba una señora, aunque no podía precisar si era joven o adulta; su presencia era algo mágica, solo era visible el brillo de sus ojos grandes, porque todo lo demás estaba cubierto de negro. Su vestidura se asemejaba el hiyab que usan las mujeres musulmanas una vez que comienzan con su primera menstruación. La mujer misteriosa, al sentarse, inmediatamente sacó un libro negro de su equipaje de mano y leyó durante todo el camino. Enfrente de mí había otro hombre de aspecto algo tenebroso, cuya expresión indicaba que no deseaba hablar con nadie o que nadie lo molestara.

Aun así, viajando con estas personas a mi lado, yo me sentía muy afortunado por haber hecho las reservas con bastante tiempo y haber alcanzado el asiento junto a la ventana. A mi lado se encontraba un periódico que me dispuse a leer durante el viaje. Pero no era coincidencia que, en una de esas páginas, un titular anunciara con letras muy amplias: "El índice de suicidios va en aumento".

Esa noticia me demostró que yo ya no era un caso raro y me hizo sentir más justificado ante lo que estaba por hacer. Leer que cada cuarenta segundos una persona se suicidaba en este mundo era como un sedante para perder mi miedo a lo que fuera a pasar al encontrarme con ese doctor desconocido.

El contenido del artículo era interesante y, aunque solo me había tomado una hora leerlo, mi mente no cesaba de hacerse muchas preguntas acerca de la hora en que me encontraría con un doctor del que conocía muy poco.

A veces me llenaba de temor y otras, de muchas dudas acerca de ese encuentro, pero mi deseo de lograr un eterno descanso era mucho más significativo que los requisitos y el posible proceso que me llevarían a lograr mi objetivo.

Las horas seguían pasando, pero mi atención estaba enfocada en la ventana. La luz del vagón solo se encendía cuando el tren se detenía en una parada, y el resto del tiempo yo podía disfrutar más plenamente de la oscuridad y del silencio de la noche. Sin embargo, ese mismo silencio también me recordaba las razones por las que yo estaba haciendo ese viaje.

Las horas pasaron, llegó la tarde, después la noche, más tarde un nuevo día y nuevamente de tarde. La comida en el tren no era especial y las horas de camino no se habían hecho sentir. Un viaje en tren siempre será una aventura muy atractiva.

Pero llegada la noche, inexplicablemente sentí curiosidad por conocer a la mujer que iba a mi lado. Ella nunca había dicho palabra alguna en todo el camino y, aun así, había algo de ella que me atraía. No quise preguntarle su nombre por respeto, ya que imaginaba que pertenecía a una cultura muy diferente a la mía. Pero aunque ella no separaba sus ojos del libro, sentía que estaba muy atenta a lo que yo hacía. Por eso, en la última noche de mi aventura en tren, le pregunté:

—Disculpé, ¿usted a dónde va?

Me era difícil leer sus gestos porque todo su rostro se mantenía cubierto. Pero con una voz suave, casi como si fuera un susurro, me contestó muy brevemente:

—¡Yo voy donde me inviten, no me gobierno sola!

Cuando mencionó esas pocas palabras, sentí un frío muy intenso semejante al resfrío que hace temblar a las personas o a una corriente de aire helado que penetra hasta los huesos. Entonces opté por evitar otra conversación porque no quería llegar enfermo a mi cita. De todos modos, ya faltaba poco, solo tres paradas para arribar a mi destino. Sin embargo, no podía dejar de pensar en esa sensación escalofriante que había sentido al estar al lado de ella durante las últimas horas de camino.

El otro hombre, que me había causado más terror, se estaba bajando tres paradas antes que la mía. Equivocadamente, lo había juzgado por su apariencia, y ahora comprendía que quien me causaba más sospecha y aprensión era la mujer que había viajado a mi lado todo ese tiempo.

Es más, en el último minuto, antes de que ese hombre se bajara, me había dado cuenta de que él y yo llevábamos el mismo tipo de equipaje, del mismo color, del mismo tamaño y con las mismas contraseñas. Incluso llegué a pensar que él se estaba llevando mi equipaje, pero solo sonreí al comprobar que el mío aún seguía en el mismo lugar de cabecera donde yo lo había colocado, un sitio seguro donde todos los pasajeros guardan sus equipajes de mano.

La hora de bajar del tren había llegado también para mí. Era una ciudad grande, el sol apenas se estaba asomando porque habían transcurrido unos pocos minutos de las seis de la mañana.

No tenía idea alguna por dónde empezar. Noté que la mujer se había bajado en la misma parada que yo, pero no me atrevía a hacerle más preguntas porque sabía que su misterio o esa magia que ella causaba al hablar me provocaría más preguntas que respuestas. Decidí, entonces, buscar el hotel más cercano y hacer desde allí todas mis averiguaciones acerca de este doctor.

Una entrevista sin cita

No tardé mucho en encontrar el primer hotel, aunque el entrar me sentí algo incómodo: frente a él había varias esculturas de grandes mariposas confeccionadas en láminas fuertes. Las mariposas llamaron mi atención por su estructura, parecían reales, tenían un diseño enorme y colores muy hermosos.

Tampoco demoré demasiado en saber dónde se encontraba esa clínica que andaba buscando. La empleada del hotel, María Candelaria, me indicó cómo llegar al consultorio de ese doctor. Así que esa misma mañana decidí ir a buscarlo. Tanto era el deseo de continuar con mi propósito que dejé mi única maleta en el cuarto alquilado y me dirigí inmediatamente a ese consultorio para ver si existía alguna lista de espera, requisitos que cumplir o si sería necesario vencer algún impedimento del que yo no tuviera conocimiento aún.

Creo que caminé un par de horas para llegar a la clínica. Ya eran las diez de la mañana, y las temperaturas eran muy agradables para poder disfrutar por última vez esas mismas caminadas que yo solía hacer años atrás.

Cuando llegué al consultorio, un hombre con una insignia de identificación que decía Pedro de los Cielos me recibió con una primera pregunta que significó mi primer obstáculo.

—¿Cómo te llamas? Necesito buscar tu nombre.

—No tengo cita, vengo desde muy lejos y quería ver si era posible que el doctor escuchara mi caso y me atendiera lo más pronto posible –le contesté, casi en una desesperada súplica.

—No sé, el doctor es el único que puede responder esos pedidos. Con gran frecuencia tenemos casos como el tuyo; varias veces las personas tienen que regresar días después y otras pueden acomodarse ese mismo día –contestó Pedro con frialdad en sus palabras, como si no le hubiera interesado mi viaje desde tan lejos—. Consulto con el doctor para ver qué decide.

Durante el tiempo en que estuve esperando a Pedro, comencé a compararme con todos aquellos que no habían sido atendidos ese mismo día, pensando que mi caso era diferente a todos y que yo era una persona con una necesidad más importante que cualquier otra.

Veinte minutos después, Pedro regresó a su escritorio y, una vez sentado, juntó una serie de papeles y los ordenó en la carpeta que sería mi archivo.

—¡Nicolás! —llamó con voz fuerte.

Era mi nombre. Me acerqué con muchas esperanzas, pensando que había sido muy afortunado.

—El doctor no puede verte hoy, pero todos tienen que llenar este cuestionario. Dependiendo de tus respuestas, él sabrá si puede verte pronto o si tendrás que esperar más tiempo. Desgraciadamente, no puedes esperar aquí, regresa mañana. Llévate esta carpeta y contesta todas las preguntas. Medita sobre ellas y responde cada una lo más honestamente que puedas —indicó Pedro antes de despedirme de la clínica.

Desilusionado por no haber logrado mucho en mi primer encuentro, regresé a mi hotel sin haber leído el cuestionario frente a Pedro. Se agolpaban en mi mente pensamientos de frustración, creía que nadie podía entender todo lo que yo cargaba dentro.

Regresé al hotel a las dos de la tarde y entré en su pequeña cafetería. No quería ir a mi cuarto todavía. Pedí un café y un pan de dulce para sentarme tranquilo un rato y poder leer todas esas preguntas que estaban en la carpeta. No sé por qué, aún no tenía tanta hambre, quizás estaba más preocupado por las primeras frustraciones de mi viaje que hambriento.

En la carpeta encontré solo tres indicaciones: redactar un testamento, escribir una última carta y confeccionar dos listas de personas: en la primera, debía incluir a las personas que yo deseaba ver por toda la eternidad y, en la segunda, a aquellas con las que no me gustaría estar eternamente.

Después de leer estas tres sugerencias, pensé que mi objetivo iba a ser menos complicado de lo que me había imaginado horas antes, porque en la carpeta no existía ningún cuestionario psicológico o religioso que tratara de desviarme de mis propios deseos.

Al experimentar tal alivio, comencé a sentir hambre y alcé mi cabeza para buscar a alguien que tomara mi pedido. Pensaba que lo más deprimente ya había pasado, que no iba a tener que darle explicaciones a un extraño del motivo por el que había llegado a la decisión de terminar con mi vida y que las tres propuestas eran una forma de protocolo legal para evitar demandas de otras personas.

Pero al observar con más atención todo mi alrededor, pude percibir a todas las personas que se encontraban en esa pequeña cafetería. Fue entonces cuando me di cuenta de que la mujer vestida de negro que había viajado a mi lado durante todo el camino en tren estaba allí nuevamente, cerca de mí. Me daba la sensación de que me estaba siguiendo.

No había advertido que me había estado observando desde mi llegada a la pequeña cafetería. Después de haber terminado mi comida, quise nuevamente acercarme a ella y preguntarle qué hacía en ese lugar, pero preferí subir a mi cuarto, desempacar mi maleta, darme un baño y ponerme una ropa más cómoda.

El muerto en la maleta

Apenas llevaba medio día en ese lugar desconocido y ya comenzaba a sentir que habían sido suficientes las sorpresas: el retraso en la consulta con el doctor y una mujer muy misteriosa que me seguía eran dos casualidades que me habían dejado pensando. Sentía que el cielo se estaba nublando y que un fuerte aguacero estaba por caer.

No estaba tan lejos de la realidad: me asomé por la ventana de mi cuarto y vi cómo el día se oscurecía también fuera del hotel. Como desconocía si en esa ciudad existía la probabilidad de que la luz o el agua se cortaran durante una tormenta, decidí tomar un baño antes de abrir mi maleta.

El baño me refrescó y me dio energías. Me senté entonces en un pequeño escritorio que estaba en mi cuarto para completar las tres indicaciones que me había dado Pedro para poder regresar lo más pronto posible a la clínica de ese doctor.

Al tratar de abrir mi maleta para poder sacar la ropa limpia, me di cuenta de que la llave no abría. Inmediatamente recordé ese mismo pensamiento que había tenido en el tren, cuando creía que ese hombre desconocido se estaba llevando mi maleta.

—¡Que imbécil soy! ¿Cómo no lo detuve en ese mismo momento? —me pregunté.

Desesperadamente, busqué cómo forzar ese pequeño candado, ya que era demasiado tarde para lamentarme del lío en que estaba. Mi preocupación era encontrar ropa adecuada en la maleta que no podía abrir, aunque solo fuera mientras estuviera en ese lugar desconocido.

Una vez abierta, no pude contener un sube y baja de emociones muy fuertes que me invadieron bruscamente: era odio, pero también miedo a la vez. En la maleta, que tal vez le pertenecía a ese desconocido, había un cadáver completamente vestido de una persona a quien yo no conocía.

Sentí odio al ver la injusticia que se había cometido con mi equipaje y con esa persona ya muerta, pero también miedo al pensar que toda la culpa caería sobre mí por algo que yo no había cometido, pero por lo que tampoco encontraba explicación alguna.

Y ahora solo me preguntaba cuál sería mi mejor opción ante ese nuevo bulto que se había convertido en mi carga. Mi mente ya no estaba interesada en completar ese archivo para el día siguiente, solo deseaba saber cómo deshacerme del cadáver, ya que las huellas de mis dedos estaban por todos lados en esta maleta.

Aunque traté de cerrarla nuevamente, ya era imposible lograrlo. Tenía que pensar claramente cuál sería mi mejor opción. Al fin y al cabo, el día de mi propia muerte también ya estaba en el calendario.

Eran las siete de la tarde cuando decidí entonces ir a esa pequeña cafetería para poder pensar fríamente acerca de una maleta que no me pertenecía.

PLATICANDO CON UNA EXTRAÑA MUJER

La tormenta había llegado muy fuerte e inesperadamente, según las pláticas de aquellas personas que estaban a mi alrededor. Los comentarios decían que la tormenta estaba sacudiendo todo a su paso e inundaba las calles de esa ciudad. Al escuchar tales comentarios, solo pensaba en lo mucho que me hubiera gustado que esas mismas aguas arrastraran la maleta que estaba esperándome en mi cuarto.

Los relámpagos y los truenos eran tan fuertes y cercanos que parecía que todas esas descargas eléctricas estaban ocurriendo a una distancia muy cercana al hotel, tal vez menos de una milla, pero no más lejos que eso. Eso generaba que la luz se fuera y regresara de repente y con gran frecuencia.

La mujer vestida de negro seguía allí, en la cafetería. Nuevamente tuve la impresión de que ella me había estado esperando todo este tiempo; con solo verla, mi piel se ponía como de gallina.

Pero esta vez, sí me acerque a ella. Tal vez lo hice para poder distraer mi mente de lo que solamente yo sabía. Aunque esa idea duró muy poco tiempo.

—¿Te acuerdas de mí? —le pregunté a esa mujer extraña.

—Cómo olvidarte, si tú dejaste que otra persona se llevara tu equipaje de mano —me contestó la mujer muy descaradamente.

—¿Y por qué no dijiste algo? —le reclamé.

—Yo voy solamente donde me invitan, yo solamente hablo o me presento cuando me necesitan.

No sé por qué llegué a sentir que ella estaba ligada a ese hombre extraño que se había llevado mi maleta, y no tardé mucho en preguntarle.

—¿Conocías a ese hombre?

—No, yo únicamente conozco las intenciones de las personas y no sé nada de sus vidas íntimas —contestó la mujer.

Sus palabras me dejaban más perturbado y, aunque ya no sentía ese escalofrío cada vez que hablaba, pensé que eso se debía al trato que empezaba a tener con ella, como si lo inexplicable de todo lo que estaba ocurriendo en mi vida se estuviera volviendo algo más familiar para mí.

—Tu rostro está completamente tapado, ¿eres musulmana? —le pregunte, porque yo conocía muy poco de esa cultura y no deseaba violar esas costumbres que pudieran seguir metiéndome en problemas aún más graves

—¡No! No tengo religión, ni costumbres, y tampoco soy de alguna cultura particular. Llevo siempre mi rostro tapado porque es muy aterrador. Bueno, eso es lo que dicen de mí. Tal vez mi rostro sea la última expresión que la gente llega a ver antes de morir, pero no siempre tiene que ser así. Yo solo llego a lugares o a personas que han reclamado mi presencia, nunca lo olvides.

Aunque sus palabras eran muy breves, por fin estaban teniendo algo de significado en mi corazón.

—¿Entonces tú estás aquí por mí? —le pregunté.

—Todo depende de ti —me contestó—. Conozco tus intenciones, por eso tomé el mismo tren que tú, pero deseo saber si sabías lo que llevabas en tu propio equipaje.

En ese momento volví a pensar que ese cadáver en mi maleta había sido planeado por dos personas que conocían mis intenciones con este doctor.

—No, no estoy hablando del muerto que encontraste en la maleta o de esa maleta que no es tuya —sus palabras interrumpieron mis pensamientos como si los conociera—. Yo hablo del viaje que quieres hacer y de cómo llegaste a este lugar desconocido para lograrlo.

Sus ojos bien grandes y oscuros se habían clavado en mi mirada tratando de desafiarme, como si estuviera retando la decisión que yo había tomado.

—Pero ve y descansa en tu cuarto: aún tienes que completar esas tres sugerencias que te han pedido. Tú y yo nos volveremos a ver —sugirió la mujer extraña antes de retirarse.

Tal vez ella quiso que yo no hiciera más preguntas. Ya habían sido muchas sorpresas desagradables en un solo día, en mi primer día en esa ciudad desconocida.

De regreso a
la clínica

La lluvia duró toda la noche, desde las primeras horas hasta muy avanzada la madrugada. Yo había dormido muy poco, pero no deseaba seguir atrasando mi compromiso con la muerte, o más bien, con el Doctor Muerte. Coloqué un letrero en la puerta de mi cuarto para que nadie tratara de entrar a limpiarlo. Yo no podía correr el riesgo de que alguien encontrara ese cadáver y llamara a la policía.

Fue por eso que también alteré la temperatura del cuarto para mantenerlo aún más frío, aunque parecía un congelador por dentro. Y antes de marcharme hacia la clínica para continuar con mi meta, opté por esconder la maleta debajo de la cama y dejé el cadáver en el mismo lugar donde lo había encontrado.

Con la misma ropa con la que había llegado el día anterior, regresé a la clínica para entregar las tres sugerencias ya escritas, aunque sentía que todo lo que había plasmado era pura basura por no haberme podido concentrar al redactar mis respuestas. Temía que el doctor rechazara mi tarea, pero a esas alturas ya no me importaban las listas de nombres, el testamento o cualquier otro documento.

El señor Pedro nuevamente estaba en la puerta para recibir a todas las personas que llegarían ese día a la consulta, pero esta vez no había nadie esperando. Pensé que, al estar todo tan desocupado, sería mi gran oportunidad para no esperar más ni preocuparme por el muertito en mi cuarto y por esa señora misteriosa vestida de negro que parecía ser el maleficio más macabro de mi vida.

—Ya veo que regresaste, Nicolás —me saludó Pedro—. ¿Terminaste toda la tarea de esa carpeta?

—Sí, y vine listo para escuchar al doctor —le contesté con gran entusiasmo.

—Lo siento, Nicolás, ayer la tormenta nos tumbó la luz y no tenemos electricidad en toda la clínica. El doctor leerá todo lo que escribiste y mañana mismo te llevará a un simulacro de lo que puede llegar a ser una experiencia exacta de tus últimos momentos. Ese es un ejercicio que el doctor suele hacer con todos sus pacientes antes de provocar el acto final en sus vidas —continúo diciendo Pedro.

—Muy bien, regresaré mañana. Gracias, señor Pedro.

Me despedí en una forma muy desalentadora y maldiciendo a todo el mundo por el retraso que esto estaba causando. Pero de regreso al hotel, a medida que iba avanzando en el camino, me encontré nuevamente con esa señora vestida de negro.

—No te preocupes, no deseo tomar mucho de tu tiempo. Solo quiero decirte que esta noche iré a visitarte —comentaba la señora, en forma de advertencia—. Solamente deja la puerta abierta, así no molestaremos a nadie más.

—Está bien, así lo haré, tal vez tú me ayudes a terminar pronto con todo esto —le respondí, porque tenía la esperanza de acabar con el desánimo que me había llevado al escuchar a Pedro y quería irme de ese pueblo desconocido.

Una vez en el cuarto del hotel, decidí quitarle la ropa al muerto y ver si me quedaba, porque la que él llevaba estaba más limpia que la que yo ya había usado durante unos días. Al fin y al cabo, nadie se iba a imaginar que esas prendas le pertenecían a una persona ya muerta. Al parecer, el pobre difunto había sido envenenado porque no había señal alguna de sangre o de fracturas provocadas.

Llagada la noche, caí en un sueño profundo y olvidé la cita con esa señora vestida de negro.

¿QUÉ LLEVAS EN TU EQUIPAJE?

Habían pasado treinta minutos de la medianoche del tercer día en ese lugar desconocido. El cuarto se había puesto más frío aún de lo que ya estaba.

Yo estaba cubierto con las cobijas gruesas de la cama, pero tal vez esas temperaturas más frías me despertaron, ya que el cansancio y el estrés me habían ganado y no recordaba a qué hora me había quedado dormido. Ella ya se encontraba dentro de mi cuarto, sentada en un sillón sencillo.

—¿De qué deseas hablar conmigo? —le pregunté, cubierto por mis cobijas. Éramos dos personas completamente tapadas platicando.

—¿Qué llevas en tu equipaje? —me preguntó.

—Este equipaje no es mío, tú bien lo sabes, no trates de culparme por algo que yo no hice —le contesté, pensando que ella se refería al que estaba debajo de la cama.

—Tú deseas hacer un viaje, el último. Entonces, ¿qué llevas en tu equipaje para este último viaje? —me volvió a preguntar.

—Yo no sabía que necesitaba hacer mi equipaje para este último viaje —le contesté, bastante sorprendido.

—En todos los viajes se requiere una maleta, ninguna persona sabe cuánto tiempo llegará a estar en ese lugar desconocido o lo que encontrará. ¿Acaso tú ya sabías todo lo que te iba a pasar aquí? —preguntó la señora con un sarcasmo muy pronunciado.

—¡Claro que no! —le contesté.

—Entonces, ¿qué te hace pensar que ya sabes cómo será el lugar después de tu muerte? —Ella seguía jugando con mi corazón porque nadie piensa acerca de su propia muerte en esta forma, como un viaje a un lugar desconocido—. Para que puedas entender esta idea de los viajes, es necesario que contemples que nada en esta vida es permanente, todo es temporal. Y si todo es un venir e irse de nuestras vidas, entonces todos estamos en un constante "viaje" de un tiempo a otro, de un lugar a otro, y con las posibilidades de encontrarnos siempre con nuevas personas. ¡Todo es un constante cambio! Lo único que no cambia es el equipaje que decidimos llevar. Donde vayas, irás con tu morral. Por eso, para llegar a esta conclusión, es necesario abandonar progresivamente una serie de certezas y seguridades que nos hemos formado como si fueran prendas de ropas inútiles e insignificantes que hemos cargado en nuestro morral todo el tiempo.

Aunque yo no tenía la disposición o la atención para reconocer los puntos de vista de esta señora tan extraña, sabía que había algo interesante que aprender. Entonces le pregunté:

—¿Y qué si deseo no moverme, quedarme sin hacer nada, sin permitir que el tiempo ni las personas me hagan cambiar?

—¡Solamente te volverás el blanco de todos! Si te quedas en esa misma situación, en esa misma casilla, con ese mismo dilema, entonces cualquier persona tendrá más facilidad para afinar su puntería y hacer de ti otra de sus víctimas —contestó—. ¿Acaso por eso llegaste hasta aquí, porque no quisiste cambiar?

—¡No fue porque yo no quería cambiar, sino porque ya no podía con todos mis problemas! Mi única opción era terminar con ellos de una forma más drástica y contundente —le respondí.

—Tal vez esa ha sido la forma más fácil de ver las cosas, pero no la más realista, porque aún sigues cargando con una maleta demasiado pesada. Con todo este tiempo que has vivido, tu maleta ya está a punto de reventar. ¿Quién te asegura que, del otro lado, no estarás lidiando con la misma maleta que aún no has sabido soltar? ¿Acaso tú ya has venido y regresado de ese lugar para asegurarte de que todo será diferente? Y me refiero a una experiencia personal, no a lo que los demás desean que todos escuchen. Porque cada impresión siempre será diferente en cada persona.

—Entonces, ¿de qué puedo deshacerme? —le pregunté con curiosidad.

—Para empezar: ¡de las certezas! De aquellas ideas que siempre has considerado las más definitivas y sólidas y, por lo tanto, son las que más peso te dan. Aquellas ideas que han sido tan absolutas para ti, ¡ya es tiempo de que las descargues y comprendas que todo es relativo!

El primer artículo que pesa mucho en el equipaje es *el tiempo.* Las personas no permiten que el tiempo fluya o que sea más transitorio porque se aferran al pasado o viven con un constante temor por lo que aún desconocen del futuro. Lo que fue en el pasado no necesariamente va a ser en el presente. Cuando salgas de viaje, deja ese artículo en casa. Pensar que el tiempo no cambia es lo más absurdo, y no darle la oportunidad de que el tiempo sea algo más relativo y temporal de acuerdo con lo que estamos viviendo solo nos añadirá más carga de la que podemos llevar.

El segundo artículo que pesa demasiado en el equipaje personal de cada viajero son *las palabras*. Pensamos que tienen un significado unívoco, que siempre reciben la misma interpretación y que no pueden plegarse a la voluntad de quien las pronuncia. Las palabras dichas han sido el argumento más grande entre la gente, y aun al traducirlas de un lenguaje a otro, pueden causar grandes guerras. Nos tomamos tan personalmente todo lo que oímos y lo escuchamos con tantos complejos, que ni siquiera les damos la oportunidad a las personas para expresarse más libremente. Lo que para una persona puede significar un concepto muy impresionante, para otra, esa misma palabra puede interpretarse como algo lleno de espanto y terror. Las palabras dependen de la vida que nosotros les demos; si tomáramos eso en cuenta, lograríamos entender que las palabras que escuchamos están condicionadas por nuestra propia apreciación y no ligadas a algo más absoluto. Las palabras pueden ser moldeadas para darles un sentido diferente a lo que escuchamos como también crear un concepto distinto de lo que representan. Nadie puede forzar a otro a pensar igual o diferente a los demás, y ese pensamiento debe ser respetado. No cargues tu equipaje con palabras que no te sirven.

El tercer artículo que cargamos son *las emociones y los sentimientos*. Ninguno es invariable, porque un día sentimos una emoción y, al siguiente, se volverá algo diferente. Personas que tratan de retener ciertas emociones o sentimientos están soportando una sobrecarga que no saben cómo soltar. Como todo en este mundo es tan variable e inestable, nuestras emociones y sentimientos también pueden y deben ser analizados constantemente. Cargar con las mismas emociones nos asemeja al burro, que solo sirve para soportar peso y, una vez que lo libramos de ese sobrepeso, no sabe cómo caminar libre. Nunca justifiques tus deseos de llevar la carga de ciertas emociones o sentimientos en tu equipaje: cuanto más ligero de tantas emociones y sentimientos pasajeros sea tu viaje, mejor podrás disfrutar de tu camino. Todas nuestras emociones y sentimientos son relativos e insuficientes para sobrellevar los trayectos.

El cuarto artículo en el equipaje de los mortales son *las vidas de otras personas*. No te aferres a ellas pensando que tú debes ser el centro de ese universo. Las comparaciones nunca han sido buenas, y cuando las personas comienzan a hacerlo, es como encontrar un hoyo negro en medio de todo un universo tan inmenso. La vida no tiene que ser tan complicada, es un hecho relativo que depende de las expectativas que ella nos ofrece. Desgraciadamente, esas expectativas cambian cuando las comenzamos a ver con los ojos de los demás y no con nuestra propia mirada y nuestras propias posibilidades. No te enojes con la vida si no te hizo como alguien más o si la vida no hizo a alguien como tú hubieras querido que esa persona fuera; ese enojo nace simplemente al desconocer el gran tesoro que ya existe en ti. No niego que las personas tienen la capacidad de motivarnos y provocar cambios en nosotros, pero nada ni nadie debe de tomar el control de tu vida.

¡Aún tienes tiempo! Piensa en estos cuatro artículos y te sorprenderás al descubrir el inmenso peso que puedes quitarle a tu equipaje si te deshaces de todo eso. Siempre trata de viajar ligeramente y, si es posible, hazlo solo con una bolsa de mano. Con eso será suficiente. No estoy tratando de evitarte que hagas este último viaje, simplemente no deseo que lo emprendas con los ojos cerrados. No vaya a ser que, al remontar el vuelo, termines siendo otro cadáver en la maleta de alguien más.

La noche había transcurrido tan rápidamente que ni me había dado cuenta de que ya estaba por amanecer. Tal vez me había quedado dormido durante la conversación porque, al descubrir que los primeros rayos de luz ya se estaban asomando a la ventana de mi cuarto, advertí que ella no estaba allí.

EL RITUAL PERFECTO

Toda la noche se había convertido en una completa vigilia y mi alma no podía con el desvelo por el que había pasado. La plática con esa señora había sido muy intrigante, pero interesante al mismo tiempo. Parte de mi mente me hacía pensar acerca de ese equipaje que todos cargamos durante nuestras vidas, pero la otra me llevaba a reflexionar acerca de la vida que uno mismo escoge; nadie obliga a otro a cargar con un muerto durante todo el camino y es así como regularmente viajamos: con exceso de equipaje. También supuse que ella me había hablado así porque deseaba conectarme con el muerto que venía cargando. Me pregunté si acaso ella quería llevarme al más allá en sus propios términos para condenarme por una muerte que yo no había cometido. Tal vez esa era una forma paranormal de encontrar al chivo expiatorio de ese cadáver que ya estaba bajo mi nombre.

Ya eran siete de la mañana de mi tercer día en ese lugar desconocido. Me estaba alistando para regresar a la clínica y acababa de bañarme. Ese día llegaría con ropa diferente, aunque fuera con la de una persona ya fallecida. De todos modos, me importaba muy poco, nadie iba a darse cuenta de que esa ropa le pertenecía a alguien más.

Pasé por la cafetería del hotel solo unos minutos para no llegar a la clínica con el estómago vacío. Me trague rápidamente dos panes, una fruta y un café, suficiente para llegar a la clínica y pasar por ese simulacro que tal vez duraría un par de horas nada más.

Una vez allí, el fiel asistente del doctor, Pedro, me recibió una vez más con otra pregunta:

—¿Estás listo para el día de hoy?

—Creo que sí, no he dormido lo suficiente, pero no creo que eso vaya a afectarme tanto —le contesté con muy poco ánimo.

—No, pero tal vez eso te ayude —me respondió riéndose.

Mientras Pedro trataba de explicarme lo que iba a suceder, yo escuchaba las instrucciones, pero por el desánimo y el develo, hacía todo por reflejo y de forma algo automática.

—Aunque ya hueles a muerto, no sé si eso empeore tu aguante encerrado —comentó Pedro, riéndose de su propio cometario.

Aunque no me atreví a decir nada, me molestó su cometario porque comprendía por qué me lo estaba diciendo.

—Antes de provocarte la muerte, el doctor hace "un ritual" muy extraño con sus pacientes —comentó—. Este ritual es para que tomes conciencia de tus decisiones. No estamos tratando de que cambies de opinión, simplemente es para prepararte para el último viaje que deseas tomar.

"Prepararte para el último viaje"… esas palabras, que hacían eco en mí, habían sido pronunciadas por la señora vestida de negro, quien había pasado toda la noche insinuando lo mismo mientras yo me moría de sueño y de frío.

—Las personas que regularmente viven hasta los ochenta años han pasado sus vidas de esta forma: veintitrés años durmiendo, veinte trabajando, seis comiendo, cinco bebiendo y fumando; doscientos veintiocho días lavándose la cara y los dientes, veintiséis días jugando con los hijos y dieciocho haciéndose el nudo de la corbata. Y, por último, únicamente cuarenta y ocho horas de felicidad. Tú has decidido llegar a esta opción porque piensas que, después de eso, lograrás descansar y encontrar la felicidad que dices no haber logrado —seguía explicando Pedro—. Hoy estarás encerrado en tu ataúd, que ya está preparado en el sótano de este lugar, durante esas mismas cuarenta y ocho horas que equivalen a la cantidad de tiempo de felicidad que las personas viven durante una vida común y corriente. ¡Pero lo harás sin ropa! A este mundo llegaste sin nada, y sin nada te irás. Pero no es como aquellos hermosos ataúdes acolchonados, finos y de gran precio que ofrecen la mayoría de las funerarias que tal vez ya conoces. Esa extravagancia es simplemente puro negocio que no tiene ningún valor inmortal; olvidan que ese viaje tiene que ver con el espíritu, al que sí merece darle ese valor transcendente, y no con las cosas materiales. En esa caja de madera tan sencilla donde estarás por cuarenta y ocho horas podrás respirar, pero no podrás moverte libremente; podrás hablar, pero nadie va a escucharte; sentirás el frío del sótano porque estarás dentro de una nevera, pero no podrás cambiar la temperatura.

"¿Cambiar la temperatura? ¿Por qué pasan eventos que me hacen recordar cosas que aún tengo pendientes? ¿Por qué la vida no puede ser más simple?", pensé.

—Después de escuchar los martillazos en la madera, oirás también cómo cae la tierra sobre tu ataúd, pero es únicamente para que tu corazón sienta lo que es pasar al otro lado y puedas prepararte para ese último viaje.

LAS CUARENTA Y OCHO HORAS

Yo aún seguía tratando de acostumbrarme al pequeño espacio, tenía que mantener mis brazos cruzados y solamente los pies tenían muy poca libertad para elevarse. La oscuridad cada vez se estaba haciendo más intensa; el ruido de los martillazos acababa de oírse. Pero cuando recapacité que iba a estar enterrado durante dos días, pensé: "¿Quién me manda a mí a hacer esto?".

Ya todo estaba bien callado y no sabía si lograría aguantar ese silencio durante cuarenta y ocho horas. Y aunque la noche anterior no había sido nada placentera, sueño era lo menos que sentía. El solo hecho de pensar que mi vida estaba paralizada en el tiempo y en ese pequeño espacio sin tener más control sobre las cosas a mi alrededor me aterrorizaba. Pensaba que, al no haberme preparado para ese viaje, la opción de no poder cruzar al otro lado podía ser más real de lo que podía imaginarme y durar así toda una eternidad.

Qué imagen más aterradora fue imaginarme que mi última opción pudiera ser la opción más incompleta y menos efectiva para terminar con mi tormento. Tal vez podía permanecer detenido en el tiempo y en el espacio por no haber cometido el crimen perfecto en mi propia vida.

Aunque no existía la forma de ver cómo transcurrían las horas, cada minuto que pasaba se sentía toda una eternidad. En ese mismo silencio, comenzaba a entender por qué mi última opción había sido la elección más práctica: nunca me había dado la oportunidad de que el silencio me separara de todas esas ideas, pensamientos o angustias que nos imaginamos eternas, más aún cuando ese mismo encierro me hacía recordar los cuatro artículos que vuelven nuestra vida más pesada.

Sin embrago, la idea de llevar a cabo mi última opción aún no había sido descartada, simplemente ahora tenía el tiempo de pensar todo con más calma para poder cometer el crimen perfecto y no volverme otro cadáver en la maleta de alguien más. "La maleta, ¡así es! Todo tenía que ver con la maleta", pensé.

—Todos cargamos un morral, como ese vagabundo que camina por el mundo y sobre sus hombros lleva "sus cosas" dentro de un morral hecho de tela atada a una rama larga —dije en voz baja, como si hubiera descubierto una parte del rompecabezas que me ayudaría a entender mi propia vida—. Pero hay personas que cargan un simple morral y otras que llevan a cuestas todo un costal. Ahora pienso que hacemos tan nuestro ese mismo morral o costal que nunca lo soltamos. Aunque no consideremos hacer un viaje, siempre está con nosotros y en todo lugar. En él transportamos los conceptos que hemos convertido en absolutos y las ideas irreversibles, como me había mencionado esa mujer vestida negro.

Con un poquito más de imaginación, yo comenzaba a reflexionar sobre esos momentos clave, principalmente en los caminos que ya había tomado y en los que aún no había hecho. Todo tenía que ver en qué o con qué había construido mi refugio, dónde había buscado mi seguridad, quién se había llevado mi espíritu y dónde había abandonado mi libertad. Comenzaba a creer que cada una de esas veces en que yo atravesaba una experiencia única, convertía ese atributo en una cicatriz y la atesoraba en mi morral como si fuera un galardón o una medalla de gran valor. Y aun el hecho de no hacer nada también podía transformarse en un atributo en nuestros morrales.

Me preguntaba si la sátira más inadvertida en todas las personas se genera desde el momento en que ya no pueden vivir desnudos, y entonces se moldean sus propios morrales o se fabrican sus propios equipajes.

Mientras continuaba reflexionando sobre ese equipaje con el que todos viajamos, volví a pensar en ese morral que el vagabundo lleva atado a una rama sobre sus hombros.

—¿Acaso la sombra de ese morral puede espantar a las mismas personas que lo van cargando? —me pregunté imprevistamente.

—¡Es muy probable! —me contesté al mismo tiempo—. ¡Pero qué desmadre la nuestra! Si ni siquiera le ponemos atención al morral que siempre llevamos con nosotros, mucho más fácilmente nos asustaremos al ver la sombra de un demonio que se forma con la apariencia de todo lo que hemos estado cargando. Ahora es más fácil imaginarse que, cuanto más grande es el morral, mucho más inmensa será la sombra de ese demonio que se manifiesta.

El frío del sótano comenzaba a sentirse cada vez más imponente y yo no podía mover mis brazos para estimular algo de calor que ayudara a mi cuerpo a seguir resistiendo las frías temperaturas de esa nevera. Ese mismo frío me hacía recordar la primera impresión que había tenido al conocer a esa mujer vestida de negro mientras viajaba en el tren.

Recordé lo que ella me había dicho: "Yo voy a donde me inviten, no me gobierno sola". Pensaba en todo ese tiempo que ella había estado cerca de mí y me preguntaba cuánto más seguiría a mi lado. "¿Acaso habré sido yo quien la invitó a este viaje? ¿Cómo y cuándo? ¡Si fue en el tren cuando la vi por primera vez!", pensaba, tratando de armar otro acertijo. Las horas seguían pasando y a mi mente solo llegaban más preguntas acerca de esa mujer cuyo rostro aún desconocía.

Ya llevaba varias horas encerrado en esa inmensa oscuridad y el hambre comenzaba a sentirse. Pero tal vez lo que más deseaba era sentir un poco más de calor porque el frío era ya insoportable. De nuevo volví a pensar en la maleta y en todo lo que esa señora misteriosa me había sugerido acerca de viajar más ligeramente.

Ya me estaba dando hambre y mis tripas comenzaban a gruñir. Era tan grande el silencio que el mismo ruido que hacían habría podido asustar a cualquier persona que estuviera cerca.

Cuando ya me sentía muy débil, escuché que alguien estaba tratando de abrir la caja y pensé que tal vez estuviera delirando, como aquellas personas que sufren de cansancio y de sed al estar caminando en un desierto por muchas horas. Pero no fue así, ¡la sesión había terminado!

Cuando destaparon la caja del ataúd, no aguantaba la luz, aunque era muy débil; la oscuridad me había cegado completamente. Había perdido el sentido de orientación y solo escuchaba a Pedro que me decía que debía regresar al día siguiente para, finalmente, poder hablar con el doctor. Me sugirió también que me tomara unas horas para reflexionar sobre lo que había pensado durante el simulacro.

PERDERSE ES ENCONTRARSE

Al salir del consultorio, cuando ya me encontraba rumbo al hotel, sentía que nada era claro y me encontraba tan desorientado que no podía recordar cómo llegar a mi propio cuarto. Me sentía un tonto porque yo ya había hecho ese mismo camino unos días atrás y juraba que podía hacerlo hasta con los ojos cerrados porque ya estaba bien impregnado en mi memoria.

Pero no era el caso y desesperadamente buscaba ayuda de cualquier persona que pudiera indicarme cómo llegar al hotel Las mariposas. El deseo de encontrarme con esa mujer vestida de negro se había convertido en una necesidad; quizás ella pudiera guiarme hasta el hotel o, tal vez, ayudarme a terminar de una vez por todas con eso, aunque yo me convirtiera en su chivo expiatorio.

Al tiempo, estar tan perdido me hacía sentir inseguro. Todo a mi alrededor, al no ser un lugar nada conocido, me causaba mucha desconfianza y miedo. Caminé durante horas, pero parecía como si estuviera dando círculos y círculos en un mismo lugar. De repente, la vi: allí estaba ella, sentada en la banca de un parque mirándome fijamente. Sé que fue su mirada la que me hizo voltear en esa dirección donde estaba; de otra forma, hubiera continuado dando círculos sin parar.

—Me has estado mirando todo este tiempo, ¿verdad? —le pregunté.

—Ya llevas horas dando vueltas en el mismo lugar, creo que estás perdido —me contestó.

—¿Por qué no me ayudaste? —le exigí con un poco de enojo y frustración.

—Perder algo o a uno mismo no es un problema, sino una oportunidad. Mira a todo tu alrededor: estamos rodeados de indicaciones, de rótulos en la calle, de navegadores por satélite, de mapas en el teléfono y de toda forma de aplicaciones que pueden ayudar a no perdernos. Pero las personas nunca desean reconocer que están perdidas porque las hace sentirse más ignorantes. Han caído en el engaño de que perderse es una ignorancia inaceptable. ¿Cuántas veces no se han encontrado ellas mismas o han aprendido algo nuevo de sus propias cualidades por buscar algo perdido? Perderse no debe tomarse como una derrota, sino como una oportunidad para comprender el valor de las cosas y ponerlas en una mejor perspectiva que nos ayude a entender lo que verdaderamente importa en la vida.

—Quizás tengas razón… —le contesté con cierta duda—. Pero en cualquier parte del mundo el perder o perderse siempre han sido verbos prohibidos porque hemos conservado la ilusión de tener el control sobre todo.

Aunque me había detenido en el parque y sentado en la misma banca al lado de ella, poco a poco comenzaba a ubicarme en el lugar donde exactamente me encontraba, y no estaba nada lejos del hotel.

—Mira, Nicolás, toma esta oportunidad en que te perdiste como parte de una buena enseñanza. Es como si hubieras tenido que experimentar un trauma para estar más libre o para liberarte. Uno de los ejemplos más comunes con el que puedes relacionar esto que acaba de pasarte es una mudanza, porque cuando las personas dejan sus casas para vivir en otras descubren cuántas cosas inútiles han guardado. Lo mismo sucede cuando pasan por el trauma de un luto; también entonces advierten cuánto tiempo desperdiciaron por no haber apreciado a la persona fallecida.

Ella solo trataba de hacerme comprender, pero sin saber dónde iba con todo esto, le contesté:

—¿Acaso es necesario que perdamos a la persona para admitir el valor que tenía? ¿O acaso es necesario que nos mudemos de un lugar para darnos cuenta de todas esas cosas que nos estorbaban?

—Tienes razón, no debería ser así, pero por eso perderse a veces se convierte en algo necesario —admitió ella—. A veces es mucho mejor perderse en una ciudad desconocida donde nadie te conoce y tú no conoces a nadie para que puedas encontrarte de nuevo. En una ciudad nueva, por la misma incertidumbre, los deseos de ser el centro de los demás no son tan comunes y la atención hacia ti deja de ser una prioridad. De este modo, aprendes a valorar lo que verdaderamente importa.

—¿A qué viene todo esto? ¿Qué estás insinuando? —quise saber.

—Lo único que puedo decirte hasta ahora es que todos estos días que has estado en una ciudad desconocida, has cambiado tus prioridades

—contestó y continuó diciendo—. La oscuridad en la que normalmente viven las personas las ciega completamente, de igual manera como te sentiste cuando saliste de ese ataúd. Antes de llegar a esta ciudad desconocida, cuando abordaste ese tren, yo pude notar que tu temor era tan grande porque "tu mundo" se venía abajo y estaba cayendo "sobre ti". El mundo que antes creías poseer se había invertido y era él el que estaba tomando posesión de ti. Por eso, con el solo hecho de viajar a esta ciudad desconocida, perdiste el miedo de perderte y, al perder ese miedo, comenzaste a ver una vida diferente. Una forma más libre de pensar al saber que tú no puedes poseer lo desconocido, ni lo desconocido puede poseerte a ti. Muchas veces acumulan las cicatrices, las pérdidas, el fuego de las duras experiencias, las personas que han perdido porque piensan que son lecciones que nunca deben ser olvidadas. Nunca digas nunca, más bien vuélvete flexible y no trates de llenar tu equipaje con memorias inútiles. Esas inolvidables lecciones han sido solo muestras de oportunidades para comenzar de nuevo. Nunca olvides: aun la noche más larga tiene su fin. Puedes experimentar muchas muertes, pero la vida solo se vive una vez.

Aunque ella seguía dándome sus consejos, había uno que continuaba resonando en mi corazón: "Perder el miedo a perderse nos ayudará a ver una vida diferente".

—Creo que estoy entendiendo tus consejos —le dije al fin.

Por un momento reflexioné sobre mi propia vida y le comenté:

—Ahora pienso que, por muchos instrumentos avanzados que tengamos para no perdernos, existen ya demasiadas cosas en nosotros que no nos sirven y que pueden llevarnos por el camino erróneo. Un ejemplo bien sencillo es cuando perdemos el control de la televisión. ¿En verdad lo necesitamos?

—Pensar así es un gran beneficio. Por muy sencilla que parezca esa idea, el perderte siempre te llevará a encontrarte y, la mayoría de las veces, podrías preguntarte si, al perderte, no sería más fácil "prescindir" de tantas cosas que no necesitas —reflexionó.

—¿Acaso será que el problema es cómo hemos comparado términos equivocadamente? Pensamos que el "tener más" es mejor que menos, cuando en realidad ese "ser más" significa "ser menos".

—Cuanto más acumulas, menos tendrás realmente, y puedes comprobarlo con las palabras que normalmente usas para referirte a los amigos virtuales. Has alterado tantas las palabras y las ideas que tú mismo, sin intención alguna, te has estado haciendo mucho daño con la costumbre de usar la palabra "amigo" en lugar de "contacto". Estas palabras no significan lo mismo, pero has convertido ese cambio en un concepto tan absoluto y tan tuyo que tus expectativas hacia los demás también se han modificado —explicaba ella y continuó—. Nunca olvides esos cuatro artículos que te comenté el otro día: no necesitas guardarlos en tu equipaje; por muy pequeños o extraños que sean para ti, siempre añadirán más peso de lo que necesitas cargar. Sé que me quedan muy pocos días a tu lado, la hora de tu viaje está por llegar, así que escucha estas palabras con atención: quien tenga deseos de invertir en su vida, sin miedo, la va encontrar; pero quien desee guardarla con miedo como un tesoro personal la va a perder, ya sea en este lugar como en el más allá. Por lo tanto, prepara muy bien tu maleta antes de partir.

El que mucho abarca poco aprieta

Después de llegar a mi cuarto en el hotel, todo lo que deseaba era tomarme un buen baño y permanecer horas allí, y después bajar a la pequeña cafetería para comer como una fiera hambrienta.

Pero a la vez, había algo más que demandaba toda mi atención y que ya no podía continuar escondiendo: el olor desagradable del cadáver dentro de la maleta ya comenzaba a apestar y a sentirse fuera del cuarto.

"¿Por qué no se había olido antes? Tal vez el cuarto helado me ha ayudado a mantener el olor desagradable dentro de él; pobre desgraciado, lo mataron horas antes de haberlo subido al tren", pensé.

Ya eran las cuatro de la tarde cuando bajé a la pequeña cafetería del hotel tratando de olvidar al muerto. Tenía tanta hambre que temblaba al tomar el vaso de agua mientras servían mi comida.

Hubiera querido pedir un gran pedazo de carne, bastante roja, casi cruda, como siempre me ha gustado comerla, pero en ese momento no deseaba tener nada frente a mí que me hiciera recordar el cadáver en esa maleta. Decidí encargar un buen mofongo, bastante arroz con gandulas y pernil, aunque yo no fuera puertorriqueño.

Mientras traían mi comida, yo la buscaba a ella, pensando que una vez más llegaría a verla. Quizás pudiera decirme cómo deshacerme del cadáver, pero fue inútil: esta vez no estaba en la cafetería.

Entendía que ya era demasiado tarde para culparme por haber traído una maleta tan grande. Había pensado que contar con más ropa era la mejor idea para una estadía que se prolongara más días de lo planeado. Y aunque así fue, me di cuenta de que una maleta grande no era necesaria. Es más, tal vez hasta me hubiera evitado el muerto que me habían endilgado.

La lección de no cargar con una maleta grande había sido muy bien aprendida. Y aunque sentía ganas de compartir tal experiencia con mis mejores amistades, seguía con los deseos de terminar con esa misión que me había traído a ese lugar: quitarme la vida.

Para mí ya era fundamental reconocer que, cuanto más ligera fuera la maleta, más flexibles seríamos; pero esta enseñanza ya no me serviría porque tenía mis horas contadas. Aun así, seguía pensando que una maleta grande es más difícil para adaptarse, pues quienes suelen llevarla tienden a llenarla con todo lo que puedan meter en ella. En cambio, con una maleta pequeña, solamente se puede guardar lo que verdaderamente se necesita.

Si bien el cadáver en la maleta me estaba haciendo pensar en ser más práctico, también me remitía, en términos más generales, a la vida misma. Cuánta gente ha buscado siempre maletas más grandes pensando que tienen que llenarlas con apariencias, prejuicios, lujos, siempre tratando de compararse con los demás para ver quién tiene la mejor maleta o más posesiones guardadas en ella.

—¿Comparaciones? ¡El error más grande de la vida y, tal vez, el que más daño ha causado en tantas personas! —reconocí.

Pero lo más importante de cada maleta es que sea flexible y ágil para que esa persona pueda siempre moverse más rápidamente. Y es porque, aun con nuestras propias maletas, podemos anclarnos y no desear movernos por ese mismo peso que cargamos.

Así también, el papel más importante de cada maleta es ayudarnos a escoger las opciones que tenemos y también saber cómo apartar lo que ya no usamos. Cuanto más grande sea, más difícil será hacer a un lado las cosas, porque tendemos a poner lo que realmente no necesitamos. En cambio, una maleta pequeña nos ayudará a guardar en ella únicamente lo indispensable y podremos llegar al fondo sin problema alguno. ¿Acaso una maleta puede ser símbolo de lo que guardamos o atesoramos en nuestro corazón? Todo eso meditaba en mi mente mientras comía.

De repente, la gente comenzó a mirarme de manera extraña porque me estaba riendo yo solo. Quizás pensaba que estaba loco, pero me reía sin poder evitarlo. Se había convertido en una risa nerviosa al pensar que una maleta grande solo servía para guardar sentimientos de culpa y una falsa responsabilidad que, al no darnos cuenta, se convertía en algo intolerable por el mismo peso que después bloquearía nuestro destino. También pensaba en el problema que nos creamos, porque después nos cuesta más trabajo descargar todo lo que traemos.

Mientras me reía sarcásticamente sin poder evitarlo, pensé: "Gran viajero, maleta pequeña; persona sedentaria que no avanza, maleta grande". Y me imaginaba lo que me estaba esperando en mi propia maleta que seguía escondida debajo de la cama de mi cuarto.

Esto de la maleta grande me estaba demostrando que a veces nos llenamos de muchas preocupaciones y comparaciones, como también de preguntas como "¿qué dirá la gente?", o "¿por qué la vida no es como uno quisiera que fuera?", en vez de vivir una vida más simple.

Pero antes de retirarme a mi cuarto, logré verla a ella una vez más. Esta vez, su mirada no estaba sobre mí, sino que no quitaba su atención de un pobre anciano que estaba comiendo al otro extremo de la cafetería. El semblante de ese hombre ya era algo triste y muy cansado. ¿Enfermo, quizá? Pero al ver ese cuadro, yo volví a recordar las palabras que ella me había dicho un día: solo iba donde la invitaban, no se gobernaba por sí misma.

Haberla visto otra vez también me hizo reflexionar en la plática que habíamos tenido sentados en la banca, cuando yo me sentía desorientado, y que me había incomodado mucho. "¿Habrá sido verdad todo eso? No sé, pero sí sé que la verdad siempre incomoda", pensé.

Esa plática me había hecho sentir que mis acciones siempre giraban buscando ser el centro de todos. Y tal vez ella tuviera razón, ya que nuestra forma de ver este mundo se ha vuelto tan significante que a veces somos demasiadas las personas que tenemos una proyección de nosotros mismos, como si tratáramos de exceder el espacio que el destino nos ha concedido. Personas que tratan de decir con acciones y palabras: "Mi forma de ver las cosas es más importante que la de los demás". Hoy despliegan un egocentrismo reconcentrado y ampliado hasta el punto de que ya no se colocan en el centro del mundo, sino que ponen el mundo en el centro de ellos mismos. "¿Hasta dónde hemos llegado?", me pregunté.

Cuando dejemos de sentir que somos el centro o que debemos serlo, retomaremos la armonía, dejaremos de ser demasiado sensibles o delicados y ya no nos afectarán las palabras de los demás; seremos más tolerantes hacia nosotros y hacia las otras personas. ¿Estaré en lo correcto?

Este problema de nuestro ego existe porque la mayor parte de la gente cultiva una ambición de tipo vertical. Las personas quieren subir cada vez más arriba, sentirse superiores a los demás, alcanzar metas más altas, posiciones de mayor prestigio, y todo lo que tenga que ver con la "altura"; también se comparan continuamente con los demás. La ambición vertical no ve lo evidente, solamente se concentra hacia arriba.

En cambio, la ambición horizontal no provoca conflictos, pues solo desea conocimiento en vez de reconocimiento. Una ambición vertical buscará más lo invariable donde pueda sostenerse, mientras que una ambición horizontal será más móvil. Una ambición vertical no advierte que, al tratar de subir, también puede caer en forma más deprimente y dolorosa; una ambición horizontal, por el contrario, logra volverse más ligera y liviana.

Ya me estaba retirando a mi cuarto y, a media que me acercaba a la puerta de mi habitación, recordaba los motivos que me habían conducido a esa ciudad desconocida. Recordaba que había llegado para buscar la solución a mis problemas. Pensaba que allí precisamente iba a poder cumplir mi última opción, pero cada vez se me hacía más claro que lo que yo anhelaba era sentirme y poder ser más libre, y todo ese peso que había llevado sobre mis hombros era lo que me había impulsado a llegar hasta ese sitio.

Era como si yo tratara de reflejarme en el cuadro de esas mariposas que adornaban el frente del hotel y pensaba lo magnífico que sería transformarme en una de ellas, no en una de las esculturas, sino en una mariposa de verdad. Por un momento me dieron ganas de aprender a vivir como una mariposa, que no excava madrigueras, no atesora nidos, no tiene casa; ella es libre y ligera. La mariposa es libre porque es ligera.

EL CRIMEN PERFECTO

Aun no entraba a mi cuarto cuando sentí el olor a cadáver, que se había vuelto más intenso. Sabía que esa misma noche, mientras todos durmieran, yo tendría que deshacerme de él. ¿Pero cómo logarlo? El lugar estaba rodeado de videocámaras y el basurero principal, que estaba en la calle, se mantenía siempre con llave.

Llegué a pensar que, para no dejar huellas, era mejor cortar el cuerpo en pedacitos más pequeños. ¿Cómo hacerlo si ni siquiera tenía en mis manos un simple cortaúñas? ¡Le eché tantas maldiciones a ese extraño que se había llevado mi maleta! Lo califiqué como un idiota y un imbécil por pensar que había cometido el crimen perfecto. Pero a la vez me preguntaba si sabía lo que implicaba un crimen perfecto: algo que yo tenía que lograr esa misma noche si no quería terminar en una prisión en vez de en un ataúd. ¿Podría yo hacer de mi última opción un crimen perfecto también?

Toda esa escena me trajo a la memoria mis años universitarios. Recordaba a mi profesor, que nos decía que no existe cosa alguna como "un crimen perfecto". Cuando alguien comete un crimen, ya sea un homicidio o un suicidio, el autor siempre deja cosas de él y también se lleva otras del lugar.

¿Llevarme yo cosas de esta vida? Eso sería lo último que deseaba hacer, si precisamente por eso quería retirarme completamente de todo, para poder descansar.

¿Y llevarme qué conmigo? Una vez más pensaba lo que me había dicho esa mujer vestida de negro.

Recordaba que el profesor siempre nos insistía en que, si bien el crimen perfecto nunca ha existido, sí hay suposiciones imperfectas. ¿Qué logra el autor del homicidio o del suicidio al cometer tal crimen? Si no se borra nada y se lleva con él cosas del lugar con ese simple hecho, ¿por qué hacerlo?

Ya estaba obscureciendo y, a medida que avanzaban las horas, yo sabía que esa misma noche tendría que hacer mi apertura de mago mal pagado en esa ciudad y deshacerme de un cadáver sin dejar huella alguna.

De alguna forma u otra yo tendría que encontrar la habilidad y el descaro para hacerlo. Fue entonces cuando bajé a la cafetería del hotel para comprar dos botellas de vino y subirlas a mi cuarto para bebérmelas más tarde. Una para celebrar que esa sería mi última noche y, la otra, para despedirme del cadáver que nunca fue mío.

Eran las ocho de la noche de mi tercer día en ese lugar. Aunque no tenía el hábito de orar, sentía que ahora sí necesitaba el milagro de algún santo para que interviniera a mi favor. El deshacerme de un cadáver que ya comenzaba a apestar no sería trabajo fácil.

Ya habían pasado tres horas y nunca antes había bebido tanto vino y tan rápido como esa noche. Mi duda de lograr deshacerme de este caballero se volvía cada vez más fuerte, como también mi decisión de llegar a hacer cualquier barbaridad, ya que el alcohol me estaba llenando del empuje necesario.

Cerca de la medianoche comenzó a llover. Esta vez no se trataba de una tormenta, que era lo que yo más deseaba, pero por lo menos la lluvia haría que todos se quedaran dentro de sus casas o cuartos y no intentaran salir. Con ese clima, sentía que había una esperanza, solo necesitaba que continuara lloviendo sin parar para poder pensar en un plan perfecto.

Sin embargo, solo me pasaba viendo cómo avanzaban los minutos en el reloj de la habitación, sin saber qué hacer con el muerto. En ocasiones quise compartir mi vino con él, pero me habían salido muy caras las dos botellas, por eso decidí no desperdiciar ni siquiera una sola gota.

A las tres de la madrugada del cuarto día, la lluvia comenzó a caer más fuerte. Tontamente influenciado por el alcohol, decidí bañar al muerto, pero primero le rocié alcohol sobre las partes del cuerpo que recordaba haber tocado ese mismo día cuando le había quitado la ropa. Después lo bañé en la tina con una pequeña toalla enjabonada y, por último, sin la preocupación de secarlo bien, lo saqué con las mismas toallas para arrastrarlo hasta el balcón de la habitación. De ese modo, podía dejar todo bien seco ese mismo día, antes de irme a la cita con el doctor.

Una vez que logré pararlo en el balcón, procuré ver que no hubiera nadie fuera del hotel. Aunque era difícil observar desde arriba, porque yo estaba en uno de los últimos pisos y la lluvia no amainaba, ya no podía arrepentirme.

—Bueno, mi primo, aquí nos despedimos. Perdóname por lo que voy a hacer, tú bien sabes que yo no te maté, pero eso no me ayudará para nada cuando se enteren mañana de que te caíste después de haberte bañado.

Van a decir que fuiste un estúpido, no lo tomes tan a pecho. Pero no te preocupes, nos veremos en el otro lado. Mira que yo te daría un abrazo y un saludo antes de despedirnos, pero no sé lo que me espere más tarde. Tu solamente sigue con los ojos cerrados y verás que ni pena te va a dar que te brincaste sin ropa.

Esas fueron mis últimas palabras y, aunque ya algo borracho por el vino, sentí lástima al aventarlo desde el décimo piso. Después de ese evento, ya no pude dormir. Caminaba dando vueltas y vueltas por todo el cuarto. Pero no cabía ninguna duda de que ya me sentía más ligero, al no estar cargando esa maleta que nunca fue mía ni pensando en ella.

El precio de la consulta

Ya eran las diez de la mañana de mi cuarto día en ese lugar. Me había despertado en el piso y con un tremendo dolor de cabeza. Viendo la hora, supe que ya era demasiado tarde para mi cita con el doctor. Pensé que no iba a caer dormido, pero me había equivocado. Ahora tendría que apurarme y cambiarme para salir corriendo antes de que el doctor me dijera que ya no podía verme.

Volví a vestir mi propia ropa y, al salir disparado de mi cuarto, me encontré con María Candelaria, la asistente del hotel. Me vio tan apresurado que me preguntó:

—Señor Nicolás, ¿va a querer que hoy sí le limpien su cuarto?

—María, perdóneme, tengo una cita urgente y me desperté muy tarde. Por favor, no entren en mi cuarto, no necesitan limpiarlo, al rato regreso.

—Señor Nicolás, es muy probable que lo entretengan allí abajo, la policía está haciendo unas investigaciones. Hoy apareció un muerto desnudo en las afueras del hotel.

—¿Y no saben quién lo mató? —pregunté, tratando de ocultar mi cinismo.

—No, pero cuando vieron la cara del muerto se dieron cuenta de que era un criminal que ellos andaban buscando hace semanas —contestó María.

—Entonces habrá sido un ajuste de cuentas, ¿no cree usted? —insinué.

—Eso mismo es lo que aseguran los policías —dijo ella.

Viendo mi reloj, tratando de disimular mi mentira, le comenté:

—¿Y si me entretienen allí abajo? Entonces no sé qué hacer con mi cita, ¡no deseo perderla, es muy importante!

—Mire, señor Nicolás, yo voy a sacarlo por la puerta de servicio, así usted no tendrá que preocuparse más —sugirió.

—María, eres un amor, gracias.

Una vez más, sentía que un tremendo peso se me caía de encima.

Una vez fuera del hotel y ya lejos de todo ese drama que yo mismo había causado, podía percibir el aire más fresco y una sensación de libertad que había olvidado cómo sentirla.

Fue en ese momento en que volví a experimentar un poco de libertad cuando pensé en la palabra "sin": sin un muerto que me interrumpa más, sin una maleta que no era mía, sin más preocupaciones.

Luego, yo mismo comencé a razonar más libremente al no sentir tanta carga encima. "Sin" es una palabra que asusta a la mayoría de la gente, pero también es una que trae descanso. Sin lugar a dudas, "sin" nos puede llevar a los extremos. Esa palabra puede asociarse fácilmente con la ausencia o la pérdida de algo, pero también con pensamiento o acciones: "sin corazón", "sin ley".

Aunque nadie quiera verlo así, esa palabra me hizo pensar que acababa de perder algo. Y si la conjugara en forma más permanente con otra palabra, entonces formaría una tercera y declararía haber terminado con algo. Entonces, la gran mayoría de veces, las palabras no son lo que nos afectan, sino cómo las usamos y cómo podemos aplicarlas de mejor manera a nuestras vidas

Si la vida nos pudiera enseñar en una edad más joven cómo prescindir de lo que en verdad no necesitamos, de esas falsas necesidades, de estar "sin" cargas, "sin" preocupaciones, sin resentimientos, sin envidias, todo lo demás sería muy fácil y nos sentiríamos más libres.

En dirección a la clínica del doctor, cuando me faltaban treinta minutos para llegar, se apareció caminando y dirigiéndose hacia mí la mujer vestida de negro.

Una vez cerca, me preguntó:

—¿Cómo pasaste la noche, Nicolás?

—Yo hubiera querido tenerte cerca anoche, pero nunca llegaste. Un día me dijiste que solo aparecías si te llamaban, pero veo que mi invitación no fue lo suficiente clara —le contesté.

—Nicolás, las invitaciones de las personas son hechas por sus propias actitudes. Hay personas que me invitan porque no respetan sus propias vidas, como si ya no las amaran por las cargas innecesarias que se echan encima. Ese no fue tu caso ayer, sino todo lo contario. Por fin tratabas de ser más libre. Y hay otras invitaciones que se hacen por medio de palabras que declaran muerte, palabras de odio, desprecio, rechazo, rencor, castigo o condena para ellas mismas. La vida tiene un precio, nada es gratis. Aun cuando pensamos en el suicidio, en el odio o en la falta de perdón a uno mismo, hay cosas en esta vida que traen un precio muy caro, y lo más difícil es saber que muchas de estas personas han estado acumulando tal deuda sin darse cuenta. Tú ahora vas rumbo a la clínica del doctor a quien le estás entregando tu vida. Él te va a cobrar, y el precio de su labor es demasiado alto. Tú estás dispuesto a pagar porque no deseas verlo de otra manera.

—¿Y de qué otra manera puedo pagarlo? ¿Acaso me estás hablando de hacerlo en pagos? —le respondí sin entender lo que ella me decía.

—Ser flexibles es el precio más alto que nadie ha podido aportar o "pagar", para que me puedas entender mejor, Nicolás. ¿Y sabes cuál es el cadáver con el que la gran mayoría de las personas carga? Es algo tan rígido y está tan entumecido como ese mismo cadáver que tú estuviste cargando por casi cuatro días.

—No, ¡no sé! Pero así como me lo describes, pienso que es el orgullo —arriesgué.

—No necesariamente; el orgullo es solo una extremidad de este cadáver. **La inflexibilidad de las personas** es lo que más apesta en ellas, así como el mismo cadáver que tuviste que tirar desde el balcón de tu habitación.

—Si la inflexibilidad es el cadáver que muchas personas llevan en su equipaje, ¿entonces por qué les es difícil deshacerse de él? —quise saber.

—Los seres humanos tienden a contar todas sus posesiones por el placer de poseer algo, sin darse cuenta de que esas mismas cosas las están poseyendo a ellas mismas. Hay tantas ideas erróneas y declinaciones del verbo "poseer" que ya no se reflexiona sobre ser o estar poseído. Los seres humanos piensan que el verbo poseer es un verbo activo, pero en realidad es pasivo. La palabra en sí misma ya es un término terrible porque poseer algo significa un robo de las cosas y de las almas. Decir que poseemos algo se vuelve una acción sofocante y hasta su misma pronunciación nos llena de obsesión, de celos, de avaricia y de una falsa ilusión al pensar que es para siempre. Pero todo lo que estamos logrando es limitar nuestra libertad porque, al poseer algo, por muy negativo o positivo sea, la tendencia es a cuidarlo o a mantenerlo porque recordamos el sacrificio con el que lo obtuvimos y las experiencias por las que pasamos para llegar a tenerlo. Por eso, el viajero con una maleta grande tiene la ilusión y vive en el engaño de haber acumulado lo que ahora tanto cuida, pero todo eso lo tiene atrapado. Aunque no quisiéramos verlo así, el olvido es una forma de libertad, y muchas veces hemos tenido que escoger entre la seguridad y la libertad, entre lo conocido y la libertad, entre la belleza y la libertad, o entre lo que decimos que nos pertenece y la libertad. Pero siempre que continuemos eligiendo la libertad por sobre todas las cosas, tendremos el valor de deshacernos de aquello que nos impide movernos y que nos limita a ser más libres. En toda persona está la oportunidad escoger, aunque esta elección sea una de las más difíciles. Es la libertad lo que verdaderamente trae gozo y felicidad. Por eso, Nicolás, aunque tengas que renunciar a tu memoria, escoge la libertad.

—Sé que todo lo que me estás diciendo está llegando muy fuerte a mi corazón, pero mi mente me dice: ¡si ya llegaste hasta aquí, ahora tienes que hacerlo! —exclamé, tratando de explicar la disyuntiva en que me encontraba.

—No apresures tu vida, Nicolás, porque uno de los problemas más comunes es que, cuando no podemos resolver el problema, lo traspasamos a la siguiente generación.

Cómo era posible que, en ese preciso momento, yo me sintiera con un deber y con un derecho en mis manos al mismo tiempo, con un anhelo y con un empeño a la vez. Decidí comenzar a caminar y alejarme de ella, tal vez así lograría regresar a mi vieja forma de pensar.

UNA VIDA SIN TI

A medida que me alejaba de ella, camino a la clínica, iba organizando todas las impresiones que había aprendido durante esos cuatro días.

Haber viajado a un lugar desconocido me había permitido entender que la vida es más breve de lo que nos imaginamos. Aunque queramos la felicidad, solamente dura unos instantes, y por más que queramos poseer y obtener cosas, siempre nos marcharemos con las manos vacías. Entonces, ¿por qué tanto empeño en poseer algo?

Sin embargo, no podemos cambiar esas cuarenta y ocho horas de felicidad porque la vida de todos modos nos va a exigir doscientas veintiocho horas para todo lo demás. El chiste es saber aprovechar el poco tiempo que tenemos para disfrutar una vida más libre, llena de riquezas y de pobrezas, de amor y de desamor. Una vida en la que hay que apreciar todo lo que nos ofrece.

Cuando estuve esas cuarenta y ocho horas en el silencio de un ataúd, aprendí a resistir y a comprender que nada es permanente y, así como me ausenté por todo ese tiempo, también entendí que a veces participar en el juego y tratar de encontrar soluciones en la política, en la religión, en los negocios o en cualquier ámbito es procurar unirse a las cosas materiales o pertenecer a algo; lo único que vamos a lograr con todo eso es llenarnos de desesperación y atarnos (nos va a poseer) para solo seguir existiendo. Porque la única forma en que podemos vivir y disfrutar de la vida es ser libres, que nada tiene que ver con lo religioso o la religión.

El objetivo de ese viaje, ahora lo comprendo, no era prepararme para morir, sino para vivir. Las maletas de todos nosotros siempre estarán dispuestas a aceptar cualquier cosa que guardemos en ellas, porque nosotros somos quienes tomamos la decisión al prepararlas. Por eso es mejor dejar de engañarnos y empacar sin exagerar ni cargarla excesivamente, para que sea lo más ligera posible. Este es el manual más sencillo para mantener una resistencia humana y sobrellevar los cambios.

Nadie tiene dos vidas; aunque podemos morir miles de veces, el espíritu solamente vive una sola, y esa vida es eterna.

La naturaleza nos ha enseñado a vivir más ligeramente porque ella no se aferra a ninguna estación o a ningún atributo que le impida expresar todo lo hermosa que es; al mismo tiempo, se deja tocar por el viento, por las tormentas, por la lluvia, por el sol y aun por la misma humanidad.

Todas estas reflexiones me hicieron regresar al mismo lugar donde ella me había encontrado, porque quería volver a verla. Para mi sorpresa, seguía allí, esperándome. Era tanto mi desconcierto acerca de lo que estaba pasando que no me importó hacerle una pregunta, por muy tonta que esta llegara a ser:

—Si veo que sigues aquí esperándome, ¿quiere decir que ya es mi tiempo? Te lo pregunto porque en todo este viaje tú has estado presente.

—Nicolás, a veces la vida es cruel, pero en mí no está quitarte la vida; esa decisión nunca ha sido mía, yo solamente vengo por ella a su debido tiempo. El único que puede quitarte la vida es quien te la dio. Él es el único que tiene el control. Solamente date la oportunidad de fallar, aprecia la flexibilidad, así te darás la ocasión de aprender. Y nunca limites tu crecimiento; crecer es permitirte ser humano. Tu vida no siempre será igual. Aprende a reconocer que, cuando alguien se suicida, quizás llegue a terminar con todo, menos con su espíritu, que es inmortal. Por eso debes siempre considerar la carga o el equipaje que te echas encima.

Al terminar de hablar, destapó su rostro. Y comprendí que yo ya no era el mismo. Por fin, ella me reveló su rostro completo y pude advertir cómo es, no por lo que se habla, sino por quien verdaderamente ella es.

Entonces, la muerte me sonrió, y yo me sonreí con la muerte.

ÚLTIMA REFLEXIÓN

Nunca traerá ningún beneficio cargar con mucho peso en nuestros hombros, en nuestro corazón o en nuestro espíritu. Eso solamente atraerá enfermedades, agotamiento y puede llevar a cualquiera a una depresión severa, factores que, sin lugar a dudas, pueden inducir a buscar el suicidio o el alejamiento como única salida.

Las cargas pesadas no se imponen inesperadamente, sino que van en aumento poco a poco, de modo que la persona no llega a darse cuenta cómo logró ese castigo. Y lo más cínico es pensar que esas cargas (o bultos) tienen el derecho de ser justificadas y aceptadas, como si fueran la cruz o el calvario que Dios nos ha dado.

A veces me pregunto si el infierno en que viven ciertas personas es necesario; continúan rechazando la idea de ser más flexibles, pero en su misma rigidez, se han adaptado a vivir una oscuridad que solo ellas han elegido como su perfecta morada.

La libertad de nuestro espíritu está en nuestras propias manos y es más alcanzable y posible de lo que podemos imaginarnos. Todo lo que necesitamos es saber cómo viajar más ligeramente. ¡Nunca es tarde para comenzar de nuevo!

Para descubrir un poco más de lo que hay en mi mente, puedes visitar mi página web o mi perfil en Facebook o Instagram, así como también comprar mis libros o pedírmelos, si no tienes los medios para pagar uno. Como autor me gustaría escuchar sobre ti, porque nosotros los escritores dependemos mucho de las reseñas de nuestros lectores, más de lo que puedes imaginarte.

Si has leído alguno de mis libros, no olvides que necesito tu apoyo. A continuación, te dejo algunos de los títulos publicados.

- *Memorias de un miserable*, 2020, publicado por Palibrio;
- *Relaciones,* 2020, publicado por Palibrio;
- *La hora más obscura,* 2020, publicado por Palibrio;
- *The Darkest Hour,* 2019, publicado por Palibrio;
- *Disciplina & Gracia*, 2019, publicado por Palibrio;
- *Poesías e ideas de un viejo,* 2018, publicado por Palibrio;
- *La espiritualidad de un viejo,* 2018, publicado por Palibrio;
- *Ocurrencias de un viejo,* 2018, publicado por Palibrio;
- *The Midnight Hour,* 2012, publicado por God's Friends Ministries;

- *Discipline & Grace,* 2010, publicado por Intermedia Publishing Group;
- *Passion,* 2010, publicado por Intermedia Publishing Group.

Te confieso que aún tengo más manuscritos por publicar, pero anotar aquí los títulos sería cometer una injusticia con mi propia creatividad. Solo te pido que me apoyes con tus comentarios en Amazon, para poder continuar con esta obra y alcanzar mis objetivos.

Siento un amor inmenso por la vida y una enorme gratitud hacia Dios, por haberme permitido conocer a tantas personas y aprender a través de ellas.

Te doy las gracias por leer mi trabajo.

Atentamente,

Lightning Source UK Ltd.
Milton Keynes UK
UKHW011010210820
368606UK00001B/194